AF267670

NOTICE

SUR

AUGUSTE DORNÈS

REPRÉSENTANT DU DÉPARTEMENT DE LA MOSELLE

A L'ASSEMBLÉE NATIONALE ;

NÉ A LYON LE 28 AVRIL 1799, MORT A PARIS,

LE 20 JUILLET 1848.

PAR LE D.ʳ SCOUTETTEN.

METZ,

IMPRIMERIE ET LITHOGRAPHIE DE NOUVIAN.

1848.

La mort de DORNÈS vient de provoquer une
manifestation publique imposante, qui honore éga-
lement le citoyen éminent auquel elle s'adresse, et
la population messine dont elle révèle les sentiments patriotiques et généreux. Dès qu'on eût ac-
quis la certitude de la mort de Dornès, le Préfet,
M. Billaudel, donna des ordres pour la cérémonie
funèbre, dont les dispositions furent réglées par
les inspirations les plus pieuses et les plus poétiques.
Un service funèbre fut célébré à la Cathédrale ;
toutes les Autorités Civiles et Militaires y assistaient;
de là elles se rendirent sur la place de la République
où avait été élevé un cénotaphe d'un goût parfait;
toute la garde nationale, les troupes, les écoles
de la ville et une foule de citoyens étaient assem-
blés. M. le Maire de la ville prononça alors des
paroles très dignes et parfaitement senties en fa-
veur de notre malheureux ami Dornès, puis vint
la notice qu'on va lire ; elle fut suivie de quelques

phrases prononcées par un officier polonais, et un artilleur de la garde nationale, enfin par une improvisation éloquente de M. Billaudel.

Cette cérémonie, constamment marquée par un calme plein de dignité, fit verser des larmes abondantes; elles redoublèrent lorsqu'on vit les écoles et la garde nationale défiler en portant des palmes et des immortelles qu'elles déposaient au pied du monument.

Metz, le 22 Juillet 1848.

NOTICE

SUR

AUGUSTE DORNÈS

Représentant du Département de la Moselle
à l'Assemblée Nationale,

NÉ A LYON, LE 28 AVRIL 1799; MORT A PARIS,
LE 20 JUILLET 1848.

CITOYENS !

Après avoir traversé des jours de trouble et de
deuil, nous nous félicitions d'avoir conservé tous nos
amis, de les savoir échappés aux périls auxquels leur
courage les avait exposés ; nous énumérions avec or-
gueil leurs actes de dévouement, gages authentiques
de leurs principes d'ordre et de justice. Un seul parmi
les représentants du département de la Moselle,
Dornès, l'excellent Dornès avait été frappé d'une balle

fratricide, mais la blessure, quoique profonde, ne paraissait pas grave ; la guérison semblait certaine, l'espérance chassait tous les doutes.

Tout-à-coup un bruit sinistre circule ; les citoyens s'arrêtent, s'interrogent et chacun répète avec douleur : *la vie de Dornès est en danger.*

Cette nouvelle court avec rapidité ; cependant on doute, on veut espérer encore, mais bientôt nous apprenons, avec une certitude fatale que Dornès est mort le 20 Juillet à six heures trois quarts du matin.

Cet évènement plonge la cité dans le deuil ; tous les cœurs sont animés d'une même pensée, ils veulent proclamer hautement leur admiration, leurs sympathies pour l'honnête homme, pour le citoyen courageux qui a succombé pour la défense de la liberté et l'honneur de son pays. C'est ce sentiment qui, nous rassemblant aux pieds des autels, nous portait à élever nos cœurs vers Dieu, le priant avec l'accent de la douleur, d'admettre notre ami au nombre de ses élus. Nos espérances ne seront point trompées, car c'est un enseignement du ciel que la chûte de ces hommes d'élites ; ils sont tombés pour donner un motif grave et solennel de mettre en relief la vertu, le courage, le dévouement. Nouveaux martyrs d'une religion nouvelle, ils apprennent au monde où se trouve la véritable grandeur, et nous montrent que les passions cupides et misérables qu'on honorait naguère ne produisent que bassesse et égoïsme. Puissent ces exemples impressionner nos âmes et nous conduire tous à la pratique sincère et durable des paroles évangéliques inscrites sur le drapeau de notre jeune, mais inébranlable république.

Dornès professait ces sentiments; il avait la foi la plus ferme en l'avenir de l'humanité, il croyait à son amélioration progressive, à ses efforts constants pour se dépouiller de ses défauts, de ses vices, afin de se rapprocher pure et radieuse des principes qui attestent son origine divine. Toute sa vie a été une aspiration constante vers le bien, et jamais, par une faiblesse, il n'a dévié de la règle sévère qu'il s'était tracée. Dornès a été l'homme pur, l'homme honnête par excellence !

Sa vie est un exemple unique de fermeté, de dignité, de patience, de bonté. Bien jeune encore, et lorsqu'il faisait ses études au lycée de Metz, il se signalait déjà par les qualités de son cœur ; ses camarades l'aimaient, le recherchaient ; ils le prenaient souvent pour protecteur ou pour juge. Fils d'un général dont le sang coula aussi pour la patrie, il préféra la vie douce et calme du littérateur et du légiste, à l'éclat des insignes militaires et à la perspective d'une carrière brillante facilitée par le souvenir des services de son père. Mais à peine avait-il terminé ses études en droit, qu'il se sent entraîné à la défense des libertés de son pays: il entre, sans hésitation, dans tous les projets qui peuvent délivrer la France de l'oppression systématique du gouvernement de la restauration, il se compromet, il court des dangers, mais jamais il ne calcule lorsqu'il croit pouvoir être utile. Bientôt il se signale par le talent qu'il déploie en défendant les accusés de la conspiration de Colmar, et les Piétistes de l'Alsace dont on voulait entraver les pratiques religieuses. De 1826 à 1830, Dornès se prépare au rôle important qu'il jouera un jour, par de sérieuses études philosophiques et politiques. Alors existait à Metz, un petit nombre d'hommes que l'amitié unissait et que les sympathies du cœur rassemblaient fréquemment. C'est dans ces réunions, dont le souvenir lui a toujours été si cher, que Dornès venait lire des mémoires savants, qu'il défendait contre des attaques amicales et qu'il entraînait presque toujours les suffrages et la conviction de ses auditeurs.

La révolution de 1830 éclate : Dornès, déjà bien connu, est désigné par ses concitoyens pour être le Préfet de la Moselle ; il refuse avec modestie et n'accepte que la place de Secrétaire Général ; mais bientôt s'apercevant des déviations de la politique du nouveau Gouvernement, il résigne sans hésitation les fonctions qu'il remplissait.

Cependant le courage et l'intelligence de Dornès veillaient sans cesse sur la France ; il entrevoit que le pouvoir qui la gouverne faiblit, et que l'étranger la menace ; il conçoit aussitôt la pensée d'une vaste association nationale dans laquelle seraient confondus l'honneur et les intérêts de tous les citoyens. Cette conception éminemment patriotique enlève tous les cœurs généreux, et l'association grandit avec une rapidité qui effraie le pouvoir et les hommes timides et égoïstes qui le soutenaient.

Dornès était l'âme et le bras de l'opposition du département de la Moselle ; il écrivait, il parlait, il se transportait partout où il fallait soutenir le courage ou réveiller des espérances ; son activité était infatigable. Sa générosité ne l'était pas moins. Il fonde le Comité pour les Polonais, il distribue des secours aux Allemands réfugiés, aux Français que la haine politique poursuit. Et cependant Dornès n'était pas riche ; une pension modeste, honorable héritage de son père, était sa seule fortune ; elle lui suffisait car il n'avait d'autre passion que le bien. Quand les ressources lui manquent, il court chez ses amis avec l'ardeur du missionnaire entraîné par la foi, il les sollicite, il les émeut, et une bonne œuvre est encore accomplie.

Ces nobles actions grandissaient chaque jour la réputation de Dornès ; déjà des offres lui avaient été faites pour le fixer à Paris ; il hésita longtemps, il aimait tant ses concitoyens et il en était tant aimé ! enfin sollicité de nouveau, il se décide, en 1834, à quitter Metz pour être attaché à la rédaction du *National*,

Cette séparation fut aussi un jour de tristesse ; ses amis voulurent en fixer le souvenir par un acte éclatant ; une médaille en bronze fut gravée par l'un de nos meilleurs artistes et, dans un banquet auquel assistaient un grand nombre de citoyens, ils l'offrirent à Dornès au milieu de l'effusion la plus vive et la plus sympathique.

Dornès continua à Paris sa vie de dévouement et de prosélytisme ; il était l'âme de tous les comités de secours pour les infortunes politiques. Armand Carrel, cet homme à la haute intelligence et au cœur droit jouait alors un rôle politique important, aimait Dornès ; il le répétait souvent, et sur son lit de mort, il m'exprimait sa haute admiration pour le caractère de notre ami qui, lui aussi, devait périr d'une balle meurtrière.

Après la mort de Carel, Dornès eut une action plus directe sur le National, il contribua puissamment à imprimer aux doctrines de ce journal cette allure nette, franche, honnête qui le faisait remarquer. Dornès acquit bientôt l'estime de tous les hommes distingués de Paris ; il jouissait auprès d'eux d'une haute considération.

Lorsque la révolution de Février éclata, Dornès resta ferme et impassible, comme le philosophe du Poëte latin. Les hautes positions, les honneurs lui furent offerts, il refusa tout et désigna ses amis pour remplir les fonctions de ministres, pour prendre tous les postes importants, mais lui ne voulut se réserver d'autre mission que celle d'éclairer tous les jours le peuple par sa pensée et ses exemples. Les souvenirs laissés par Dornès dans le Département de la Moselle le désignaient au suffrage de ses citoyens; 77,000 d'entre eux lui décernèrent le titre de représentant et l'envoyèrent siéger à l'assemblée nationale. Sa réputation l'y avait précédé, et l'influence de son beau caractère s'y faisait remarquer comme partout ailleurs. L'assemblée était encore dans le cahos; elle s'ignorait elle-même; Dornès monte à la tribune, il propose un pouvoir exécutif, il en désigne les membres et les fait accepter. Bientôt ce pouvoir nouveau veut attirer Dornès à lui, et le 8 mai dernier il lui offre le ministère le plus important de la France, le ministère de l'intérieur. Dornès resta inébranlable, rien ne put fléchir sa fermeté et son abnégation des honneurs. Il poursuivait ainsi sa carrière de dévouement modeste aux intérêts du pays, lorsqu'une lutte effroyable vint ensanglanter la capitale. Dornès n'écoute encore une fois que son courage et son cœur. Une barricade est élevée près de la porte Saint-Denis, les insurgés menacent de faire feu; Dornès s'avance, seul, sans armes, il monte sur la barricade, harangue ces hommes égarés, parvient un moment à les calmer, mais un lâche sort de la foule, et lui lance à bout portant, une balle qui lui traverse l'aine. C'est ainsi que tombe cette noble victime !

Quels sentiments vont maintenant agiter notre ami? ira-t-il comme les êtres vulgaires, réclamer la vengeance et la punition des coupables ? Dornès sait souffrir et pardonner : Il invoque la clémence, et le 10 juillet il adresse aux journaux une lettre mémorable dans laquelle il sollicite des secours pour les veuves et les enfants des insurgés morts pendant le combat.

Quelques jours auparavant il écrivait à son frère la lettre la plus amicale, et après avoir parlé de sa blessure en homme de courage il terminait en disant : « Après tout il faut savoir souffrir quelque chose pour la République, et je ne suis pas fâché que du sang de l'assemblée nationale ait coulé avec celui de tant de braves de l'armée, de la garde mobile et de la population parisienne. » Ainsi, jusque sur son lit de mort, Dornès n'est heureux que quand il prend une large part aux sacrifices faits pour son pays.

Mais bientôt les espérances conçues par ses amis se transformèrent en craintes sérieuses ; des accidents inattendus éclatèrent : Dornès a tout souffert avec patience et résignation. Woirhaye, notre ami Woirhaye fut témoin de ses derniers instants, et il nous les retrace dans quelques lignes : « Il a conservé, dit-il, presque complètement ses facultés jusqu'au dernier moment ; il a eu quelques heures de fièvre délirante ;

Ses préoccupations devant la mort étaient les mêmes que dans la vie : il a été ferme, simple et doux. »

On ne connaîtrait que bien incomplètement le caractère de Dornès si on n'avait pu apprécier les qualités qu'il révèlait dans l'intérieur de la famille. Oh alors ce n'était plus ce philosophe inflexible que ni la menace ni le danger ne pouvaient jamais émouvoir, c'était un fils affectueux, un frère dévoué, un oncle tendre et même faible pour les enfants de sa sœur.

Combien était touchant le tableau offert par cette famille d'élite, où les dons de l'intelligence s'harmonisent si admirablement avec les qualités du cœur. Combien on était heureux soi-même en voyant cette excellente mère, cette femme si douce, aux manières si nobles, entourée de ses enfants affectueux. Oh! elle aussi était heureuse alors ! mais aujourd'hui, affligée, désespérée, elle pleure sur ce fils bien-aimé, qui faisait son bonheur, qui ajoutait à la gloire du nom qu'elle porte. Pleurons avec elle, mes amis, pleurez tous citoyens qui aimez votre pays, car la mort de Dornès est une calamité publique.